뜨거운 발

애지시선 009

뜨거운 발

2006년 7월 15일 초판 1쇄 발행

지은이 함순례
펴낸이 윤영진
기획편집 함순례
디자인 이경훈 전희주
펴낸곳 도서출판 애지
등록 제 2005-5호
주소 300 -170 대전광역시 동구 삼성동 125-2 4층
전화 042 637 9942
팩스 042 635 9941
홈페이지 www.ejiweb.com
전자우편 ejiweb@hanmail.net

ISBN 89-92219-03-2 03810

* 이 책은 2005년 한국문화예술진흥위원회 창작지원금을 받았습니다

애지시선 009

뜨거운 발

함순례 시집

□ 시인의 말

지난 한 해 숨가쁘게 달려왔다. 작품으로만 흠모해오던 시인들의 시집 여덟 권을 묶어내는 동안 입에선 단내가 났다. 다리가 후들거렸다. 교정을 핑계삼아 그들이 갖고 있는 詩力을 들여다보면서 무릎 내려치기도 하고 고개 주억거리기도 했다. 가야할 길이 어렴풋하게나마 가닥 잡히기도 했다. 과연 일 년을 넘길 수 있을까? 만류하는 이들이 많았다. 안 되는 쪽에 무게를 실었다. 그리고 딱 일 년이다. 그들이 그토록 염려하던…일 년을 무난히 넘겼다.

이제… 내 피붙이와도 같은 여덟 권의 시집에 또 한 권을 보태려 한다. 나를 세우려 한다. 까마득한 후배를 위해 먼길 한달음에 달려와 구들장 다숩게 뎁혀 놓으신 선배님들 계셔서 두렵지 않다. 춥지 않다. 두 발이 뜨겁다.

2006년 성하盛夏 대전에서

함순례

차례

제3부 그가, 아프다

제4부 가슴을 맞대다

제1부

山, 冊을 펴다

꼴림에 대하여

개구리 울음소리 와글와글 칠흙 어둠을 끌고 간다
한 번 하고 싶어 저리 야단들인데
푸른 들녘마저 점점이 등불을 켜든다

내가 꼴린다는 말 할 때마다
사내들은 가시내가 참… 혀를 찬다
꼴림은 떨림이고 싹이 튼다는 것
무언가 하고 싶어진다는 것
마음속 냉기 풀어내면서
빈 하늘에 기러기 날려보내는 것

물오른 아카시아 꽃잎들
붉은 달빛 안으로 가득 들어앉는다

꼴린다,
화르르 풍요로워지는 초여름 밤

문장

가문의 위용 표지를 문장門帳이라 한다

방마다 가문의 문장을 새긴 가구를 배치하고 그들만이 볼 수 있는 가구 안쪽에는 누드의 비너스로 사랑의 분위기를 돋우었다 르네상스 시대의 위대한 가문들

벨리니 가문의 문장에는 개 한 마리 들어앉아 있다 뒷발 든 채 영역을 표시하고 있다

킁킁거리며 냄새를 뿌리는 짐승들. 나무 밑동과 풀숲 전봇대에서 식탁 밑까지, 멀고도 가까운 곳을 파고드는 시인들의 서늘한 문체와 흡사하다

신도여인숙

남들 다 내 같지 않제 걱실걱실한 뱃사람들 상대하기가 좀 에려운 기라 고만 뒤뿔라 몇 번을 맘 묵어도 쪼매 두고 보제 했던기 이날이라카이 지금사 일 놔뿔기도 궁시렵고 마 뱃사람들 월세방으로나 돌리뿐 기라 그라도 한 밤만 재와주소, 및칠 굶었는데 밥 좀 주소, 하믄 맴이 아퍼가 재와주고 믹인 사람, 빛도 없는 밤에 디리닥쳐가 날마새마 홀랑 도망간 넘들 쌨다 우째다가 방세 줄라꼬 다시 온 넘은 한 분도 못 봐가 속이도 속아주고 함시로 사람이 독해지제 아 이것? 예전 꽁치잡이배 그물에 쓰던 기라 열쇠가 하 쪼매니께 안경집만한 여어 다 잡아매놓으이 십상 좋다 주무이 뿔룩해징께 아참 하고 놓고 가는 기라, 여는 낯 씻는 데고 저 끝짝이 볼일 보는 데라 영화배우도 여그 많이 들 왔제 요샌 시인이라는 작자들도 더러 찾아오더만,

근디 시인이 대체 뭐하는 사람잉가? 시악시는 알어?

숲

오래된 편지를 읽습니다 당신에게로 갔다가 우리 속에 놓여진 편지 당신을 만나 즐겁다, 쓰여있군요 행복해요, 라고도요

가까이 있으면 자랄 수 없다는 듯 간격을 두고 발끝 세운 나무들처럼 큰 바람이 일렁일 때나 사르락 손 내미는 이파리처럼 멀어졌다가 가까워졌다가

곁눈질로 골똘했지요 이따금 새들에게 눈 맞추는 건 헛김나는 일이어서 나는 그만 아득해져 혼자 말갛게 익어가는 산감이 되었더랬지요

그런데 묘목을 심은 첫 자리 뱀처럼 얽혀 있는 우리의 뿌리를 만납니다 나의 밑둥 썩은 감꼭지 핥고 있는 이가 바람이려니 했더니 당신이었군요

벌거숭이 산길에 가위눌리는 일도 끝이지 싶네, 내게로

온, 오늘 문득 층층이 허물 벗은 골짜기 따라 우거진 숲을
읽습니다

빰

내 친구 윤태자, 언젠가 그녀의 빰을 갈겼다 내 궁색한 자취방에서 한 일 년 식객노릇을 했는데 새벽별만 바라보아도 배터지게 슬펐던 그 시절, 우리는 불어터진 라면발처럼 톡톡 끊어지기도 하고 가지런히 단추를 채우기도 하면서 세상에 대한 서슬 푸른 적의를 키우기도 했다

내가 직장으로 야간대학으로 돌아치는 동안에도 밤고양이처럼 웅크려 있기 일쑤였던 태자가 경찰시험에 붙은 날, 그날 밤 나는 태자의 빰을 철썩, 올려붙였다 "가시나! 민중의 지팡이 노릇 똑바로 햇!" 그때는 임수경이 평양축전에 참가한 즈음이었는데, 그녀와 외양이 닮았다는 이유만으로 나조차 아예 짭새 똥파리쯤으로나 여긴 경찰이 아니꼬와 괜한 화풀이 한 것이다 그 밤의 손꽃,

결혼하고 하나 둘 새끼 낳고 이제 헐렁한 나이, 모처럼 한 방에 눕는다 태자가 말한다 수많은 민원인 속에서 지금도 여전히 그 빰 얼얼하다고…… 내 친구 윤태자! 누가

뭐래도 늠름한 민중의 지팡이다

어느새 고단히 잠든 태자의 뺨을 쓸어본다 내 뺨, 온통 얼얼하다

뜨거운 발

어스름 할머니민박 외진 방에 든다

방파제에서 그물 깁던 오십줄의 사내
지금쯤 어느 속정 깊은 여인네와
바짓가랑이 갯내 털어내고 있을까
저마다 제 등껍질 챙겨가고 난 뒤
어항의 물비늘만 혼자 반짝인다
이곳까지 따라붙은 그리움의 물살들
밤새 창턱에 매달려 아우성친다
사랑이 저런 것일까 벼랑 차고 바윗살 핥아
제 살 불려가는 시린 슬픔일까
몸이 자랄 때마다
맨발로 차가운 바다를 헤매야 하는 소라게야
울지 말아라 쓸쓸해하지 말아라
게잠으로 누워 옆걸음 치며 돌아가야 할
누더기 등껍질 촘촘 기워간다

물 밀려간 자리 흰 거품 걷어내며
기어 나오는,
소라게의 발이 뜨겁다

3

아이와 숫자 카드를 부직포에 붙이다가 찔렸다

1에는 넥타이 졸라맨 빌딩숲이 자라고, 2에는 호미 든 어머니 땡볕 아래서 풀을 뽑고 계시다 3엔, 시장 좌판의 벅시글 터진 목청 왁자하다

1에는 네가 없고, 2에는 내가 너무 작아 보일 듯 말 듯한데, 3에는 너와 내가 등지고 있거나 혹은 같은 곳을 바라보다가, 삼가 서로의 눈을 반쯤 열고 있다

틈

바위 위에 누워 젖은 몸 말린다 인적 없는 숲은 마음껏 엎드려 있기에 좋다 개미들이 발가락 새 파고들다가 옆구리 쪽으로 기어올라 손등에 달라붙는다 허기로 가득찬 몸 놀림, 움직이지 않으면 밥 한 그릇 먹을 수 없는 내 생애와 어찌 그리 닮았는지, 한 끼 밥이 지닌 무게를 생각하며 개미 한 마리 손바닥에 올려놓는다 벗어나려고 버둥거리는 손, 손금을 훑는다 나도 너처럼 바람과 햇살 따스한 곳으로 항상 까치발 세우며 살고 있으리라 서른 아홉 늦은 저녁,

미끄러지다

빙판의 골목 모퉁이 차를 들이박고 멈춘다 아득히 바라본 하늘 차암 아프다. 눈발은 날리고, 흩날리고…, 다 왔다 싶으면 방심하고 마는 관성이 부서진 범퍼 조각처럼 덜렁거린다 때마침 불어오는 바람에 눈발들 일제히 그리로 몰려드는 듯하다 조용히 숨 풀고 있다가 난데없이 들이박힌 차, 주인은 아는지 모르는지 기척이 없다 서성이며 무작정 기다려야 하는 가해자의 종종걸음에도 눈발이 엉겨붙는다 어쩌다 나는 얼어붙은 길 이다지도 급히 꺾어들었는지, 그늘 깊은 골목의 이치 살피지 못하고 함부로 덤빈! 그렇지, 들끓는 열망으로 밤잠을 설치는 마흔 즈음에야 브레이크를 밟은 눈발, 저 숭고한 님들이여…, 목격자도 행인도 없는 사방 두리번두리번 달아나고 싶은 유혹 슬슬 작동하는데, 거 뉘요? 거칠게 나를 겨냥하는 남자가 있다

아뿔싸! 꼼짝없이 걸려들었다

잠자리

매미 소리 물고 잠자리 날아든다

장맛비에 물러터진 복숭아처럼 꼭지 잃은 말들이 썩어가는 동안 3억 년 이상 아름다운 비행 멈추지 않은 널 기다려 왔는지도 모른다

교정지와 출판사와 제본소 오가는 사이 뜨거운 햇살과 내통한 듯 비틀거리던 기억이 난다 짧은 그늘 비껴 걸으며 눈빛 붉어지고 입안엔 단내 풍겨나왔다

여름 물가에서 차례차례 껍질 벗고 오늘 아침 창가에 투명한 그물 펼치는 잠자리떼, 내 발목에도 말랑한 피가 도는 것이다

지금 난 겹눈 훔쳐 달고 검붉은 자루 속 빠져나오는 중이다

둥근, 새의 둥지

그의 머릿속에선 언제부턴가
새소리가 들리기 시작했다
이발소를 찾아갔다
머릿속에 새들이 살고 있어요
새집을 좀더 튼튼하게 만들어 주세요
그는 머릿속 새집으로
칼을 사기도 하고, 약을 사기도 하고
가끔은 아내의 속옷을 샀다

연구소에서 벤처로 생계의 이동선을 타는 동안
정수리 근처에 오백 원짜리 동전 만하게
한움큼 머리칼이 빠지기 전까지는,

동업자와 달아난 머릿속 새집은
쉬이 복원될 기미가 보이지 않는다
오늘도 종일 거리를 쏘다녔다
무거운 소음들이 어깨를 치고 갔으나

옹송그린 채 낡은 수첩을 뒤적이는 그를 알아채지 못한
다
그를 숭배해 온 추종자들은 언제나 부재중이다
저녁 일곱 시의 거리에
한 점 얼룩으로 쪼그려 앉은
그와 나는 이십 년 이웃,

그런데 아저씨, 새집 속 새는
어디로 다 날아갔을까요?

그가 생각에 잠겨있는 동안 더럭 겁이 난
손빗으로 머리카락을 황급히 쓸어내린다
새들의 집, 아직 없다
다행이다

방우리

궁글리고 궁글려 방울방울
눈물처럼 투명해져서

건드리면 그냥 터져버릴 것만 같은,

쓴 소주 한 잔 털어넣으며 기대어도
잠잠히 그 품 내어줄 듯한

금강 자락에 물방울처럼 매달린

산책山冊

한창 나이에 뇌출혈로 쓰러졌다 한다
사선을 넘기고 마주한 빛
얼마나 깊게 출렁거리던지

햇살 아래 걸어다니는 사람들 모두
형제 누이 같고 어머니 같단다

그 남자, 열창
오 솔레미오
오 솔레미오
솔바람처럼 청청하다

스치는 누구든 손 덥썩 포개잡고서
사뿐, 한 生을 건너가도 좋으리라
한껏 푸르러가는 산이 책을 펴듯이
책이 산을 읽듯이

군북에 가다

돌담도 묻고 돌담 뒤 숨어 엿보던 눈썹도 묻고 눈다래끼 사간 진이와 멱 감던 개울도 묻고 버들치처럼 여간만 손에 잡히지 않던 고놈, 시뻘건 첫사랑마저 묻은, 물의 살 속, 병풍바위 얼굴에 떨어진 햇살이 붉다 물길 따라 시루떡처럼 포개진 바위너설 오르자니 자꾸만 헛발질이다 벼랑을 타고 앉은 굴참나무 짓궂은 발길질로 낙엽들 물 속으로 밀어 넣는다 미끄러진 발바닥이 쿡쿡 쑤셔온다

갈면 갈수록 몸 패이는 숫돌 같은 고향

그만 이 길 접어야 하리 가거라, 그래 깊이 깊이 잠기거라, 물 속 마을의 두 쪽 불알, 병풍바위여

제2부
물살에 쓸리다

화인火印

요금별납, 印을 찍는다
반액 할인 위해 우편번호대로 분류한
책들 풀고 또 묶는다
행간을 열지 못한 채 구석으로 밀려날 지 모르는
받는 즉시 폐기될 지 모르는

낙인을 찍는다
낱낱의 환부만을 건드리는 건 아닌지
멈칫 멈칫 흔들리지만
질긴 누군가의 생에
요금이라도 대신 내주고 싶어
힘주어 꽝! 찍는다

사랑방

울 엄마 스물 셋 꽃아씨, 아버지 투덕한 살집 믿고 신접살림 차렸는데요, 기둥 세우고 짚과 흙 찰박찰박 벽 다져 두 양반 손으로 집칸 올렸는데요, 부쳐먹을 땅뙈기 없는 거예요

내사 남아도는 게 힘이여, 아버지 아침노을 박차며 집 나서면 이윽이윽 해 지고 어둠 묻히고야 삽짝 밀고 들어섰는데요, 한 해 두 해 불어나는 전답, 울 엄마 아버지 얼굴만 봐도 배불렀다는데요

늘어나는 것이 어디 그뿐이겠어요, 울 엄마 이태가 멀다 살포시 배가 불러왔는데요, 농사일에 새끼들 건사에 하루해가 지는지 가는지 하 정신없었는데요, 울 아버지 저녁밥 안치는 엄마 그대로 부엌바닥에 자빠뜨린 거래요

그놈의 짓 끝이 셋째 딸년 나였더랍니다 첫국밥 수저질이 느슨할 밖에요 임자 암 걱정 말어, 울 아버지 또 구렛나

루 쓰윽 훑었다는데요, 스무 날 넘기자 사랑방 올린다고 밤새 불 써 놓고 퉁탕퉁탕 엄마 잠을 깨웠답니다 모름지기 사내 자슥 셋은 돼야 혀 그때 되믄 계집애들이랑 분별하여 방을 줘야 않겄어!

그러나 울 아버지, 성 안 차는 아들 두 놈 부려놓고 돌연 세상 끝으로 걸어갔습니다

장님굴 새우

이만 번 출세하라고 붙여진 이름 이만출, 그는 갓 스물 내 첫 직장의 면접관이었다 희고 투명한 낯빛, 은근히 풍겨오는 비릿한 문답 끝 남자친구 있어요? 장난처럼 묻던…개구리알을 싸고 있는 한천질이 흘러내리는 듯 마음 휘었는데, 초짜인 내가 어둔 바닥을 더듬어 가는 동안 그는 물길에 편승하여 승승장구했다 훤칠한 다리, 유려한 사냥 실력은 누구나 겁낼 만했다 그러나 언제부터였던가 지하 구렁에선 끈적끈적하고 역한 냄새가 물큰 풍겨 나오기도 했고 생각보다 깊은 진흙탕인데다가 돌아나가기엔 너무 늦어버렸다 난폭한 성질의 육식성 장님굴 새우, 백색투명한 몸체가 그의 낯빛과 흡사하다 놈의 눈이 퇴화된 건 이미 오래전의 일이라 했던가 빠져나갈 출구를 못 찾는 그도 놈과 별반 다를 바 없는 장님 신세다 요직과 좌천을 반복했던 그, 이름값만으로도 한 시절 너끈히 버텨낼 것 같더니만 어느 날 불현듯 은퇴를 선언했다 무엇이 그의 눈을 멀게 만들었을까 책상서랍을 정리해 떠나는 그의 등뒤에 대고 꾸벅 고개를 숙인다 이만 번은 커녕 이십 번

도 출세를 채우지 못한 한 인간에 대한 연민으로

돌멩이

강물에 잘 씻긴 돌멩이 쥐어본다
차르륵 물 흘러내리며 손바닥으로 안겨드는
돌멩이는 기억하고 있을까

달음박질 느리고 뱃심 약해 앞에 나서지 못하고
돌멩이나 날라주던 대학 시절 있었다
던진다, 던지고야 만다,
돌멩이 손에 들고 쥐었다 폈다 하며
가슴이 팽팽해졌다

더 이전으로 돌아가면
부엌문 뒤에서 틈 엿보던 때 있었다
시퍼렇게 멍든 어머니 뒤꼍으로 숨기고 두려움에 떨다
가
알콜중독으로 비틀린 아버지
나 사이의
……,

가슴 끝 조여오며 요동치던 비늘들,
한 켜 한 켜 물살에 깎이고 쓸리다
지느러미 반짝이며 여기까지 흘러온 것인가

손 안에서 따스해진 돌멩이 하나
강물로 돌려보낸다
누구나 생의 안쪽 돌멩이 하나쯤 감추고 산다는 것을
이제는 알 것도 같다

소금수레

물이 참 많기도 하지

저 손수레
거대한 물비린내 빨아들이며 굴러다녔으리
선착장에서 민박집으로 민박집에서
선착장으로 돌고 돈 세월

올여름 새로 공들여 쓴 흰색 문패 반짝이며
바다는 굽이치고
그 절절한 기다림이고 싶어
스쳐간 발자국 건져 올리는 걸까

어젯밤 옆방에 들었던 뱃사내
흠집 난 한쪽 귀퉁이 보여주곤 떠났어
어딘가 벗겨져 있거나 접혀져 있는 사람들
섬에서 하룻잠 지내고 나면 더 잘 보이지
섣불리 아는 체 할 순 없지만

파도민박 손수레
덜컹거리는 두 바퀴로 굴러가고도 싶을 거야

자동차 한 대 없는 섬 쪽으로
갈매기떼 빗금 그으며 몰려오는 저녁 무렵

곧 배 닿겠다

베트남 여자

기다리던 막차에 오르듯
베트남에 와서 구찌터널* 통과하는
나는 눈물에 젖는다

반질반질 다져진 흙벽에
헐거워진 머리와 어깨 마구 찧는다
이렇게 허리 접고 무릎 꿇어
이 나라의 통일은 온 것이다

목마름의 긴 터널 끝
어디선가 젖 물리던
여자들의 숨결 소리,
사이공의 화려한 불빛도
메콩강의 유장한 물줄기도
아오자이 처녀들이 낳았으리라

진저리치듯 얽힌 매듭 풀며

마악 터널을 빠져 나왔을 때
구찌 숲 초롱한 눈매
부비트랩 터뜨리며 간다

*베트남전 당시 베트콩들의 지하요새.

나무새

옥천군 군북면 추소리, 무시로 바람이 드나드는 호숫가에는 이영배 화백이 산다 유난히 단풍 고운 날이던가, 일행 한 명이 퍼포먼스를 올렸다

바람의 들숨과 날숨 사이에 누워 길게 찢은 종이를 씹더니만 긴 선과 선, 입안 가득 뭉쳐 화폭 위로 내뱉는다 이빨 자국 선연히 핏물 배어든 종이덩어리들, 물감을 만나 다시 면으로 풀어지는데

이에 홍 오른 쥔장 화백, 들마루 두드리고 우물 뚜껑을 두드리고 울타리에 올라가 저 달 두드린다 달빛 번진다, 바짝 마른 그를 닮아 쭈글쭈글한 개의 뒷덜미조차 환히 드러나는 보름밤, 아슬아슬 알몸으로 펼치는 달굿 퍼포먼스……

환영이었을까, 이 화백 울타리 솟대 위로 사뿐히 올라앉더니만 흔적 없이 사라졌다 잠시잠깐 어리둥절 보름마

다 달빛과 교신하며 호숫가의 바람을 지키는 나무오리가
그란 걸 나는 천천히 알아보았다

몸부림

등골이 오싹했다 재떨이에 뒤집힌 채 누워 있는 말벌 한 마리, 의식을 잡으려는 듯 미세하게 떨고 있었다 담뱃불 잠재우려고 누군가 재떨이에 동동주를 부었던가 죽었다고 생각했다가 아, 살아있다는 걸 알고 나서도 담뱃재는 떨구어지고, 치지직 스러지고, 쌓여갈 때

버둥거리며 필생의 신호 보내오는

무의도

들고 나는 기척 드문 바닷가 낮은 처마 밑으로 파도소리 밀려든다 승용차 밀고 들어온 연인 한 쌍, 뒤엉킨 몸뚱아리 참으로 악착 같다 섬의 뿌리에 들지 못하고 저 짧은 장면에 안달하는 내 꼴이라니! 까치 몇 부리 맞추며 해풍에 젖어드는, 식은 모랫속 굴딱지 후벼내던 오늘은, 나도 깊은 섬으로 몸 바꾸고 있다 여기가 어디라고 저들은 저리 함부로 빗장을 푸는가 말라붙은 솔방울만 골똘히 쳐다보다 서둘러 빠져 나온다 끝없이 배를 밀어올리던 푸른 파도 지긋이 다가와 살 섞고 있는

안부

아랫집은 아니고 옆집일까 윗집일까
코 고는 소리
아파트 벽을 뚫고 들려온다
느릿느릿, 거칠게

틈이란 틈 죄 코고는 소리로 메우는
저 집 남자는 하는 일이 뭘까
여자와 한방을 쓸까 각방을 쓸까
쓸 데 없는 호기심에 신경이 곤추선다

늦은 시간 승강기 작동음
비음 섞인 흥얼거림
현관문 여닫히는 소리

소요란 살아 있다는 징표다,
그대 안녕하신가, 그래 나도 안녕하다
뒤척이는 밤의 언저리를 향해 새벽 미명이 전하는 안

부다

저만치, 아침이 오고 있다

경칩

하상주차장 다리 밑
폐드럼통 모닥불의 열기는
모포 대용 거적 속으로 스며들지 못한다
오랜 시간 이곳 저곳 배회하다
폐유의 하천 바닥으로 천천히 가라앉는다
흉흉한 드럼통 구멍 멀거니 바라보는
사내의 눈빛, 불안한 기색은 없다
더러는 늦은 아침 고물 더미 헤쳐보거나
나눔의 집 문전에 앉아 한 끼 때우면 되기 때문이다
몸부림치는 세상 밖으로 일찍 나와
볼 것 못 볼 것 이미 다 봐 버렸는가
그가 탈 버스는 그예 오지 않을 것인가
괜시리 아득해져 무연히 지켜보는 동안
불현듯 그가 내 쪽으로 걸어 나온다
소주 한 병 구걸하려는 걸까
내 작은 몸뚱아리 한 입에 먹어치울 만큼
단호해 보인다 가까이 다가와

고개를 들이미는 자동차 유리창 너머
다시금 노을 이글거리는데
들쭉날쭉한 이빨이 열, 린, 다,
차 고장 났어요?
……
생면부지 사내를 향해 팽팽히 당겼던 시위
끊어진다, 툭!

불온한 사랑

깊은 산 속으로 숨어든 여름 햇살
알몸으로 반짝이는 이파리들 찾아
능선으로 아득히 흘러갔다

가진 것 없어도 내가 바라보는 이들
모두 내 사람인 줄 알았다

공중수돗가 달무리 길어올려
덜컹덜컹 양말을 빨던 기찻소리와
아르바이트 일당으로 위태롭게 흔들리던
야간대학 불빛들, 그들의
샅을 열고 가슴마저 열어젖혔다

무릎 꿇고 힘겹게 기어가는 풀포기들
꽃 지우고 씨앗 주머니 오므리며
저마다의 푸른 고통을 불사르는 동안
산구릉으로 낮게 엎드리는 구름도

차마 내 것이라 말하지 않게 되었다

덤불 깊은 곳에 떨군 여린 저장품들
기꺼이 놓아두고 산을 내려왔다

샛노란 계절

개나리 서너 송이 바짝 얼어 있다
겨울에서 봄으로, 분주히 길 찾던 사람들 같다
때맞추어 피어야 환하게 눈뜨는 꽃
개나리 눈빛 속엔
흔들리지 않는 뼈 들어 있다

그랬다, 개나리 무수한 꽃대들이 저마다 공중부양했다
꽃숭어리 숭어리 딸랑딸랑 요령소리 내며
일렬횡대로 달려드는,
한 발자국 뗄 수 없는 무력감으로 길바닥에 주저앉곤 했다
간신히 실눈 뜨면 버스는 저만치 가고

어머니가 고아준 사골 국물을 먹으면서
서서히 노란 사슬에서 풀려난 그해 봄날 이후
개나리꽃을 보면 발걸음 멈춰진다
절름절름 걸어나오는 꽃잎

을 찌르는 울타리 가시
살며시 젖혀주곤 한다
안심이다

마흔, 잘 오셨다

산허리에 구름이 몰려 있다
이론적 근거야 알 수 없지만
내가 가고 있으니 구름이 오는 중이라고
생각한다 빗속에서 바라보는 구름은
고등어 등처럼 푸릇했으나 파닥거리지는 않는다
추녀에 매달려 울던 빗방울로
낯을 씻으며 묘하게 마음 편안하다
오늘 아침 핏발 가시지 않은 눈을 닦다가
수채로 흘러든 세숫비누 조각
향기 잃고 몸 가벼워진 자화상인 듯
울컥, 했다
세면유리에 눈물 얼룩진다
바짝 다가와 앞가슴 들이미는
흰 뼈들, 저 구름 속엔
세력 형형한 수많은 손금들이 산다
사십 년 내 몸뚱이 숨겨준
고마운 골목길이 사신다

일요일과 월요일, 사이

공이 굴러간다
던지고 받다가 놓치면 굴러간다
공중에 떠 있는 시간보다
구르는 시간이 많은 공

둥그렇게 타오르더니
숨 넘어간다, 바라보는 동안
한순간에 절명하는
붉디 붉은 공

또 하루가
저물어 갔다는 걸
깨닫는다

제3부
그가, 아프다

돌밭에 절하다

아버지를 묻은 이곳은 돌밭이었다 오이 딸기 주렁주렁 열리던 감자꽃 쇠뜨기 바랭이 돌날에 찔려 징징거리는 날 이끌고 심으신 감나무 일천만사 아버지의 속울음 같은 구름 뭉실뭉실 흘러간다

아셨을까
아버지, 알아채신 걸까
안아 올려 감나무 아래 세워 놓으신다
붉은 홍시 떨구어 주신다

살아 생전 척박하기만 했던 아버지의 한 바닥 밭 고스란히 내게로 넘어왔음을 뼈아프게 주워드는, 고랑 속! 돌소리 자글자글하다

랍스터 궁전

엑스포 공원 천변에는 식당들 즐비하다
랍스터, 랍스터, 엄마 잊었어? 아이는 간판 짚으며
번번히 뭉개진 약속을 물어 올린다
흰 두루미 여럿 맹물을 쪼는 물가로 떡밥 풀어 놓는다

세상엔 봄꽃 천지,
소금기 어린 비린내 왁자하다
한겨울 된서리 견딘 나무들의 배밀이가 저 꽃들이라면
봄 무르익기 전 먼저 밀어 올린 생강나무꽃 같은 너는
입맛 자라나 검은 눈동자 반짝이는 너는
어딜 가도 비리고 애틋한 집 한 채 아니랴
빗물 들까 문틀 썩지 않을까
두려운 마음에 이리도 발걸음 더디니

저마다 모래무덤 깊숙이 날 세운 채 박혀 있는 놈들,
아이와 나의 랍스터는
헤엄쳐 들어가 낚시바늘 들이대기엔

영 불안한 집게발 궁전이다

자살바위

여자는 울고 있다
절벽 중간쯤 맨발 모은 채
손등으로 눈물 찍어내고 있다
깊이 재볼 요량으로 돌을 던져 보았으나
끝내 답을 주지 않은 못 속으로
뛰어내려야 하기 때문이다
휘돌아 살아온 생 송두리째 지워야 하기 때문이다
바위 벼랑 더듬어 기어오를 때만 해도
온몸 던질 수 있을 거라며
먼지 일고 멀미나는 마음에
질끈, 밧줄을 묶은 그녀
가파른 호흡이 허공을 두드린다
날아오르지 못하고
벼랑 아래로 주저앉을지라도
그녀, 이미 못처럼 깊어졌을 게다
나뭇가지 뒤에 몸 숨긴
내 어깻죽지 콕콕 쪼으며

끈질기게 절벽을 돌고 도는
저 구름새 한 마리는!

숨어있는 동굴

엄마의 입안엔 누구도 드나들 수 없는 동굴이 있다

어느 날 수저질 느슨한 엄마
고기를 씹지 못하신다
고름 뿌리로 남은 이, 하나 둘 셋.

빛도 바람도 없이 습기만 눅눅한
십수 년 불 들이지 않은 검은 아궁이
그 깊은 자궁을 들여다본다

청상 시절 중심이 흔들린 때 있었다
털어놓으시던 엄마
차암 의젓한 이였는데, 차마 니들을 두고 갈 수 없어서……

풀이 자랄 수 없는 동굴
허나 칠남매는 엄마의 살을 뜯어먹고 자란

육식동물이었으니

내일 당장 죽더라도 오늘 맛나게 드시고 가시요!
나의 완력에 썩은 뿌리 뽑아낸 엄마
비로소 곤한 잠에 드신다

내가 발견한 동굴은 고작 세 개뿐
몸 어딘가 숨겨놓은 동굴이 또 있는지 나는 모른다

유언

어머니의 장롱은 퀴퀴하다
솜 뒤틀린 목단 이불
누런 사진 뭉치들과 자잘한 옷가지에 기대어
어린 날 내 상장까지 가지런히 쌓여 있다
거기, 장롱 가운데쯤 커다란 하얀 보자기
굳은 매듭 풀어본다

목련공원묘지에 묻어다오, 믿는다

오래전 마련하신 수의 위에
눈물로 적어놓은 쪽지 한 장
젊은 아버지 목숨줄 놓은
고향에 나란히 묻히고 싶지 않은 거다
당신 가신 뒤 아버지 이장 이루어지길 바라며
굵은 글씨 콱, 콱 박아 놓은 거다

요즘 들어 자주 세상 길 덮쳐오는 것 같아

집 나서기 무섭다는 어머니
새로운 길 찾아 나선 것일까
내 가슴에 얼룩얼룩 박혀오는 못,

믿 · 는 · 다

풍란

사방에 봄물 오르는 일만 남았으리 우수 경칩 드는 길목, 오빠를 만나러 간다

개업식 지나 슬쩍 찾아온 내게 차 한 잔 들이밀고 이리저리 蘭室만 오고간다 네가 내 맘을 어찌 아니, 가끔씩 눈 마주치면 이번엔 내가 화들짝 난실 밖으로 눈 돌린다

꽃들 터지는 봄날이던가, 어머니 윽박지르는 그를 향해 시퍼런 독설 쏟아낸 적 있다

어머니 장사 밑천과 동생들 기대가 차례차례로 그의 아궁이 불쏘시개로 타올랐던가 뜨거운 불에 데인 가슴 차차 녹을 무렵이면 또다시 죽비로 내려앉았던가 그도 이젠 마흔 다섯이다 밥풀눈 가늘게 뜨고 조심조심 난잎 어르는 모습, 바위틈 눈물로 내리는 풍란이로구나

언제쯤이면 꽃대 올라오고 꽃필 날 오려는가 지리지릿

한 난향 피워 올리려는가

몽돌밭

하얗고 검은 눈동자
숲의 안쪽 깊숙이 반짝이고 있다
기대어 앉을 수 있는 의자 마련해 놓고
그 안에서 기다리고 있다
어제 내린 빗줄기에
몸을 날린 이파리들 어루만지며
수천의 부리 감추고 엎드려 있다

기별 없는 둘째 시숙 기다리다
눈도 감지 못하고 가신 시어머니
그리움 문드러질 대로 문드러진 화석 같아
발바닥 지압길이니 맨발로 걸으라는
풋감나무 아래서 나는
쉬이 신발을 벗지 못한다

아직도 나는 숲 언저리를 서성이고 있다

거기, 화엄華嚴

산지팡이 서너 개 화암사 바위에 기대어 있다

한 사람 지팡이 들고 산을 오른다

두 사람 지팡이 놓고 산을 벗는다

갈팡질팡 내려놓은 자리, 거기

山門에

쓰러지고 일어서는 일 다 길이다

무덤 속 사랑을 쫓다

창녕 고분군 무덤 곁에 눕는다
만삭의 무덤에는 그늘이 없다
꽃샘바람 잦아들다 뒤엉키다
포실한 봄볕 내려앉은 날
그늘도 옷을 벗고 무덤 속으로 누웠나
무덤의 뚜껑 열고 들어가 보고 싶다
하늘에서 내려준 김수로왕과
인도에서 사랑을 찾아 건너온 허황옥의 뼛조각 사이에
살그마니 몸을 포개고 싶다
기를 쓰고 살아도 생의 그늘은 새록새록 돋아나니
사람으로 산다는 일 얼마나 도도한가
난생의 대륙 가야국의 탯줄 쪽쪽 빨아먹으며
눈 열리고 귀 트이면
발가락도 꼼지락거려 보리라
청도 가는 길은 늘 가깝기만 한데,
내 마음의 淸道는 어디로 뻗었나
무덤 뚜껑을 열고 나가고 싶다

청도로 가는 해질녘 어느 하오下午

기일

간밤 아버지가 오셨다, 나들이할 때 입으시던 한복 차림으로 묵묵히 소반 앞에 앉으신다 무릎 꿇고 막걸리 한 사발 그득하게 따라드린다 아버지 말씀이 없으시다 잔 비우신 아버지 황망히 일어서신다 끝내 한 마디 말없이 돌아 나가신다 아버지 앞에 이렇게나마 나를 올리는 데 꼬박 십 년이 걸렸다

일곱 살, 우주宇宙

바람이 들썩이는 호숫가
비닐돗자리 손에 든 아이가
풀밭으로 걸어간다
신발 벗어 한 귀퉁이 두 귀퉁이
메고 온 가방 벗어 세 귀퉁이
마지막 귀퉁이에 제 몸 내려놓는다

삼라만상을
돗자리에 전부 모셨다

문

수레 누나, 아이구 배 아파요 못 가요
밥 한 끼 지어 나누려던
약속이 또 멀어진다
이른 봄 산수유 꽃망울 같은
잘 익은 그의 웃음 까칠하게 풀어져 있다
열한 시간 벅찬 노동 속에서도
인도네시아 이주 노동자들의 리더로
외국인 노동자 모임 자원봉사로
날 부끄럽게 했던 '아디디'
그가 아프다
40초 간격으로 돌아가는 식품제조용기 사출작업
화덕의 밑불 온몸으로 받아내다가
쩌억 쩍 금이 갔으리라
그가 열고 들어간 한국의 공장지대엔
마지막 숨 토하듯 팍팍 불꽃 튀는데
쉽게 닫혀지지 않는
그의 서랍 속에선

고향 맑은 물소리가 돌돌 말려 있다
파르스름 무청을 닮은 누이의 웃음도
몽클하니 쌉싸롬하다

물안뜰의 저녁

새해라고 한자리에 모인 야생화 동호인들
마당가 온실 손질하고 부엌에 옹기종기 모여 앉는다
아직은 쌀쌀한 천변 바람 다 잠재울 것 같은
삭은 홍어와 들배추 씹는 소리
불은 여자맹키로 살살 다뤄야, 너스레 떠는 소리
군고구마 익는 냄새
강물로 굽이굽이 흘러간다
매운 연기는 통로 찾아 시누대 산그늘로 올라가고
가마솥에선 김 오를 즈음
무슨 말 끝인지 신년 벽두부터
전쟁을 겪은 이 보수를 얘기하며 핏대 올리자
누구라도 서로의 말 건네지 않는다
광주를 건너온 이는 그만 말문을 닫아버린다
오래전 내려앉아 장작불 지펴도 불 들이지 않는
구들장처럼 요지부동 不通.
한 줌 흙이라면, 바람이 내통하는 바위틈 어디라도
뿌리 내리고 꽃 피우는 들꽃들이여

곪아 터져야 아물 수 있는 상처
말갛게 도려낼 수 없다면, 잠시
아름다운 물안뜰 훈김이라도 쐬시기를
활활 달아오른 무쇠솥을 열어젖힌다
곰삭은 숨결 풀어 올리는 타래김
우리는 한무데기로 흠씬 젖는다

生

분주한 일에 쓸리다 보면
마음이 뻘처럼 눕는다
안으로 목 메어오는 적 있다, 더러는
화장실로 달려가
왈칵 눈물 쏟곤 하는데
야윈 눈발이 다녀간 어느 한 날
나를 앞지른 이 있었다
어금니 꽉 깨물었지만
공중화장실 음습한 냄새
어둡고 긴 터널 빠져나오는 소리
바닥을 차고 올라 내 아랫도리 적시었다
겁 없는 생이 어디 있으랴
누군가의 눈물로 크는 것이
이 땅의 이데올로기임을
옆 칸 통곡소리 끌어덮으며
말라버린 눈물자국을 보고서야 알았다

제4부

가슴을 맞대다

K

그는 관엽식물과 대화를 나눈다고 한다
한 포기 식물을 마주하면
식물의 몸이 괴로운지 목이 마른지
훤히 알아낼 수 있다고 한다
눈뜨고 나면 사라져 밥때 되어서야 나타나는
그의 행방이 궁금했다

여름 뙤약볕 비닐하우스 안
잔풀 솎아내며 이파리 사이사이
벌레를 잡고 있는 그의 말言은
손끝에 있는 듯
잎과 줄기와 뿌리에 손가락이 닿을 때마다
줄땀이 흘러내렸다
그가 열어준 창문으로
수많은 씨앗들이 날아와
뿌리 내리고 싹 틔우는

비닐하우스 작은 식물원은 그의 집이고 숲이다
천하 고질 난봉꾼 알콜중독자,
요양소 뒷마당에서 말끔히 가셔낸
그는 이제 식물성이다

새

안개 깔린 이른 아침
느리게 차를 몰면서 새들이 걷는 걸 본다
시속 30Km 틈새로 찍히는
새들의 발자국
얼음 물 속에 콕! 콕! 부리를 적신다

사방 숲으로 날아오르기 위해
제 뼛속 비우고
먹은 것 땅에 내려놓았구나

아프다, 라는 말
잇몸새 누르고 계신 골다공증 어머니
병문안 가는 길이다

달항아리

불 꺼진 강의실, 슬라이드 필름이 돌고 있다
신개발 이루어질 때마다
환생의 붓질에 깨어나
저마다 박물관 어둠 속으로 묻힌 유물들
어떤 건 국보급으로 어떤 건 깨진 조각으로 돌고 있다
고려청자 분청사기 조선백자가 돌고 있다
매화 대나무 소나무 잘 익은 포도알 문양들이
다시금 꽃 피우고 바람에 흔들린다
말하자면 저 도자기들,
술 담고 밥을 먹고 차를 마시던 그릇 아니겠는가
지금 우리집 구석에 마구 뒹구는
스테인레스 양은냄비 플라스틱 그릇은 어떠한가
땅 속에서도 썩지 않을 대량생산의 유적들
어떤 건 보물로 어떤 건 막사발로 기억되리라

불 꺼진 강의실, 넥타이 푼 노년이
기우둠히 앉아 시간을 주무르고 있다

역사무료강좌에 노인들이 자리를 메운 것은
단단한 고독을 밀고 가는 힘이리라
거친 물레에 잦아져 세월의 장작불에 익은 도자들이여
바닥 깊게 패인 발굴 현장의 가마터를 보면서
누군가 소스라치듯 하품을 거두고 있다
부장품으로도 묻히지 않을 밥그릇 대신
수천 년 썩고 남은 뼛속이 저렇듯 구워질 것이다
머잖아 그대와 나 또한 한 점
유적으로 남을 일이다

열반

밑동 잘린 그루터기
누르스름한 단면을 쓰다듬다가
가슴 맞대고 돌아나간 쌍나이테를 보았다
폭설과 장마에 그만 중동이 부러진 느티나무

갈래갈래 가지가 벋어나가고
푸르르 날개를 펴는 이파리들 사이로 새들이 날아들고
물끄러미, 수백년, 낮과 밤이 흐르고

아침마다 그의 둥치에
불면의 밤을 퉁퉁 쳐대는 짐승들이 흘려놓은 하품 같은 거
돌이끼 피고 닳고 닳은 옹이의 틈새에서
층층이 쌓아 올린 두 개의 심장 소리가 들린다

아, 여기에 탑이 있었구나 하는 생각
뛰어올랐다, 불심은 불의 심장에 닿는 일이듯

허공을 뚫고 느티나무를 뚫은
저 기나긴 묵언

지상에 풀어낼 일이 많은지
느티나무 몸돌은 천천히 궁리중이다

겨울, 외출

노인은 가까스로 한 발을 뗀다
아이도 생침을 삼키며 한 발 딛는다
살며시 기울여준
복숭뼈만한 어깨를 짚고 가는
마을 길

U-턴 이 허락되지 않는 노인의 허리
어린 지팡이에 팽팽하게 매달리고
봄햇살,
고드름 깨물며 뛰어내린다

노인의 폐 속 공기 부풀어오르자
아이는 짐짓
붉게 달아오른 귓볼을 만진다
어디선가 실개울 소리 흘러든다

노인과 아이,

서로 골마리를 끌어내린 채
허연 입김 나누고 있다
텅 빈 지상을 향하여
따뜻한 오줌발 세우고 있다

달

어쩌다 깜박 졸았나봐요
어둠 뚫고 지켜보는 시선 있어 눈 떠 보니
그대가 빤히 훔쳐보고 있네요
들고 갈 것 없으니
잠시 쉬어가려던 참인가요
그대 편히 머물다 가세요
한밤중 슬며시 제게 찾아와
짓무른 몸 정갈히 씻어주시는군요
대접할 수 있는 건
마시다 남은 떫은 차 한 잔뿐
더러 맑은 술이나 입맛 돋우는 음식으로
당신을 맞을 때도 있겠지요
오늘은 딱 한 번만 눈 감아 주세요
한 시절 지나면
당신도 그만 기울고 말거잖아요

강덕기 여사

좁은 부엌에서 느릿느릿 국수를 삶는다
생선 몇 토막 손질하고
콩나물 씻으면서도 덜그럭 소리도 내지 않는다
방금 전까지 누워 있던 마루방
벽면에 걸린 자잘한 사진들이
파랑의 세월을 풀어내고 있다
거센 파도를 낚고 있는 사내
뜨거운 젖 한 입 가득 문 돌배기
파리똥 앉은 액자에 눌려 있다
살붙이는 다 어디로 떠났을까
구룡포 시장 바닥에서 사십해, 국수 삶을 때마다
답답한 속 풀듯 생선과 콩나물 섞어
뭉친 국수 가닥가닥 흔들었으리라
이제는 손님 들까 말까한 식당문에 기대어
저물어가는 포구나 하염없이 바라보는 팔자지만
감척어선 풀어놓고 출렁이는
눈매, 아직 고웁다

누에가 사는 방

아우는 조용히 방문을 닫는다

뽕잎 들여놓지 않고
실직과 이혼의 그림자 모두 묶어 밖으로 내어놓고
긴 잠 속으로 깊숙이 가라앉는다
햇살 한 줌 보이지 않는 방안에서
눅눅해진 벽 사각사각 갉아먹으며 곰팡이 번져 나간다
피가 마르는구나 그의 목울대
한사코 감겨드는 비단실

잠에서 깨어봐
어둠을 찢으며 물결쳐봐!

내 목구멍에도 곰팡내 피어나 헛기침 뽑아올린다
그러나 안다, 그의 몸에서는
강제로 실을 뽑아낼 수 없다는 것을
더 이상 뜯어먹을 잠이 바닥났을 때 가볍게

저 문 열릴 것을

그도 이쪽 내다보며
안간힘으로 기다리고 있다는 거,
깊어질 대로 깊어져야
빛이 되는 어둠의 속성을
알고 있는 것이다

시, 집을 태우다

논둑길 돌아
고샅으로 들어서니
마당엔 멍석이 깔려 있었다

쑥 타는 냄새
징갱징갱 사물장단
한판 놀자
마을 사람들 하나 둘 모여들었다

시루떡 앞에 놓여진 첫 시집
나이 쉰이 넘은 늦깎이 시인은
무른 눈으로 우려먹은 어머니께
큰절 올리며 엎드렸다

중동이 잘려나간 헛간의 황소가
으헝, 뼈울음 뱉어내는 사이
마당가 금잔화 빙긋

꽃봉을 여는 사이

그만 두려워
거두지 못한 생의 비린내
소지로 날아오르고 있었다

폭포

여기부터 시작이라는 것인가

내리꽂히는 황홀함에 길들여져 왔으나
물이 뛰어내린 자리에 발 담그며 환호했으나

폭포는
물의 계단

폭발하는 바닥의 빛!

□ 발문

갈등과 질서 그리고 긍정의 시학

박수연(문학평론가)

1.

시집을 읽은 독자들은 모든 것을 기필코 긍정하고야 마는 언어들을 접했을 것이다. 이 긍정은 세상을 덮고도 남을 만큼의 두께를 가지고 있는데, 아마도 저버리지 못할 시간의 어떤 흔적 때문일 것이다. 시인이 한 번 경험했던 사실들은, 그것이 환한 기억이든 어두운 기억이든 끝내 그 기억을 밑바탕에 둔 삶을 태워올리는 심지로 기능한다. 이것을 알기 위해서는 맑고 명료한 언어들로 그 흔적을 갈무리하는 시를 보면 된다.

바람이 들썩이는 호숫가

비닐돗자리 손에 든 아이가
풀밭으로 걸어간다
신발 벗어 한 귀퉁이 두 귀퉁이
메고 온 가방 벗어 세 귀퉁이
마지막 귀퉁이에 제 몸 내려 놓는다

삼라만상을
돗자리에 전부 모셨다

—「일곱 살, 우주宇宙」 전문

"삼라만상"이 내려앉는 자리, 그것에 대해 시는 그다지 많은 말을 하지 않는다. 그러나 시인의 시선이 포착하는 것이 "삼라만상"이기 때문에, 다른 말로 하면 호숫가 풀밭 위의 돗자리가 이 세계 전체의 처소이기 때문에 시에는 미묘한 진동이 발생한다. 정확히 말하면, 돗자리를 우주의 처소로 만들기 위한 조용한 폭발이라고 해야 할 것이다. 시가 삶의 생성이나 탄생의 소란스러움에 대해 노래하는 예는 얼마든지 있다. 해석의 여하에 따라서는 거의 모든 시가 그 예에 속한다고 할 수도 있는데, 그러므로 중요한 것은 그 노래를 부르는 이유가 아니라 이유를 가진 노래의 노래 방식일 것이다. 방식에 집중할 때 시는 형식 자체가 내용이 되는 상태로 비약하게 된다. 이 비약이 어떤 주어진 사태들에 모종의 균열을 불러오기 때문에 시의 내부뿐만 아니라 시를 읽는 의식의 영역에도 휘우뚱한 움직임이 발생한다. 그 움직임을 포착하는 때가 독자에게는 또 다른 시적 계시의 순간이고 그 계시를 논리화 하는 때가 시적 의미화의 순간이라면, 한 편의 시를 읽는 행위는 언어를 통해 세계의 계시와 논리를 감촉하는 행위라는 사실을 뜻할 것이다. 그러니까, 시의 언어가 삶의 공간으로서의 세계에 대해 말해준다면, 그것은 비약적 언어에 이어지는 시적 계시와 그 계시의 논리화를 통해서 가능한 셈이다. 「일곱 살, 우주」에서 일어나는 '조용한 폭발'은 바로 그 경우를 가리킨다.

그런데 여기에는 주체와 대상 사이에 발생하는 접촉과 함께 그 접촉을 의미화하기 위해 전제해야만 하는 거리가 있다. 계시를 포착하는 순간은 대상적 세계에 대해 주체가 강렬한 주관적 감응을 발휘하는 순간이며, 그것을 의미화 하는 순간은 주체의 의식을 객관적 구조로서의 언어로 대상화하는 순간이기 때문이다. 이것은 시라는 언어구성체가 갖게 되는 미적 의미 구조의 운동 방식을 설명해준다. 시의 영역에는 언제나 직관과 대상화가 동시에 작동한다는 것. 그 주관적 접촉과 객관적 거리를 포개 놓는 시 일반의 운동 방식을 고려할 때, 「일곱 살, 우주」는 앞에서 말한 '비약이라는 균열'을 야기하면서 시적 우주를 형성한다고 할 수 있다. 시에는 세 개의 운동이 있다. "걸어간다" "내려놓는다" "모셨다"

라는 서술어로 구분되면서 동시에 세 개의 세계로 영역화되는 그 비약 운동은 각각 '시적 정황', '행위의 귀결', '정황적 행위의 의미'로 배분된다. 첫째, '시적 정황'의 국면에서 시는 "풀밭으로" 들어가는 한 존재의 움직임을 포착한다. 시적인 언어 사용의 상례를 따른다면 한 아이의 걸음은 단순한 걸음 이상이다. 이 움직임은 호숫가 풀밭 속으로 행위자가 자신의 전부를 투여하는 행위일 것이다. 그러나 어떤 정보도 없이 단순한 행위만이 제시되기 때문에 비약이 함부로 일어날 수는 없다. 다시 말해 시의 첫 세 행에서는 그 의미가 '걸음'이라는 행위 자체로만 제한된다. 물론 '걸음' 자체에 별도의 의미를 부여할 수는 있다. '비닐돗자리'가 아이의 손에 들려 있기 때문에 풀밭을 걷는다는 말은 그 위에 앉으려 한다는 말과 동의어이다. 그러나 이것은 행위의 의미이지 시의 의미는 아니다. 이렇다는 것은, 시의 의미와 시적 주체의 행위가 아슬아슬하게 분리되어 있다는 사실을 가리킬 것이다. 어떤 행위가 있는데 아직 시적 의미를 구성하지는 못하는 상태에 그것은 머물러 있다고도 할 수 있다. 이렇게 되는 이유는 시적 주체가 대상적 세계 안에 머물러 있다는 사실에 있다. 주체는 주관적 감응의 단계에 머물러서 대상을 노래한다. 이것이 첫 세 행의 정황이기 때문에, 이 세 행은 그 다음에 벌어질 사태들의 넓은 배경을 이루게 된다. 둘째, '행위의 귀결'이라는 영역에서 시는 여전히 의미의 깊이로 내려가지 않는다. 돗자리가 펼쳐지고 그 위에 아이가 신발, 가방 그리고 자신을 내려놓음으로써 풀밭을 걷는 행위의 귀결점을 보여주지만, 이것은 의외의 의미를 만들어내는 장면이 아니다. 오히려 '네 개의 귀퉁이'는 각각의 개별적 공간이 되어서 제 각각의 힘을 주장할 뿐이다. '신발' '가방' '제 몸'이 하는 역할은 네 개의 귀퉁이가 드러낼지도 모르는 예상치 못한 움직임을 지그시 눌러 놓는 일이다. 바람이 부는 호숫가 풀밭에 있기 때문에 제목과 관련하여 말한다면, 그 풀밭은 '생성의 균열이 있는 자리'이기 때문에 그 바람의 거스르는 힘을 눌러놓는 일이 필요해지는 것이다. 시인은 여전히 대상적 세계의 한가운데서 그 세계의 힘에 감응한다. 이것은 바람에 대립하는 행위일지라도 그렇다. 여기에는 갈등하는 힘과 대립하는 힘이 동시에 작동한다. 셋째, 정황적 행위의 의미가 나타나는 것은 시의 2연에 이르러서이다. 1연과 2연 사이에는 '커다란' 여백이 있는데, 이것은 풀밭 위의 돗자리와는 다른 의미에 있어서의 생성의 자리이다. 1연에서 제시된 '돗자리－풀밭－신발－가방－제 몸'의 행위 연관적 사물들 '몸' 조차도 여기에서는 다른 사물들과 수평적 관계를 형성한다는 사실을 주목할 필요가 있다. 이 여백을 건너면서 '삼라만상'을 대리 표상하는 존재들로 전환된다. 이것이 「일곱 살, 우주」의 최종적 전언이다. 이 모든 것이 고정되어 있는 사물이 아니라 진행형의 움직임에 대해 진술한다는 사실에 대해 주목하도록 하자. 시의 최종적 전언이 "삼라만상을/ 돗자리에 전부 모셨다"임이 드러나는 것은 형식을 통해 정황의 세계가 내적으로 감응하는 과정에 대한 좋은 예가 될 것이다. 존재들의 전환은 그 존재들에 대한 낱낱의 설명을 통해서가 아니라 1연과 2연 사이에 있는 여백(이라는 형식)을 통해 이루어지기 때문이다. 이 감응은 그러나 앞의 두 가지와는 다른 방식의 감정 운동이다. 객관적 대상세계 속에서 그 세계에 감응하는 즉자적 상태를 지나서 그 상태를 별개의 영역으로 의미화 하는 일이 일어나는 것이다.

그런데, 여기에는 제목과 시 사이를 갈라놓는 갈등이 자리한다. "일곱 살, 우주"는 어떤 균열이 일어나는 자리이다. '일곱 살'과 '우주'는 서로 등치 되지만 그것은 상식적 판단을 버린 다음에 가능한 등치이다. 이 제목에 대해 시적 정황은 크게 대립한다. 본문은 세계의 사물들이 보여주는 균열과는 정반대의 것, 즉 정갈하게 정돈된 세계를 표상하고 있다. 그러므로, 시의 의미를 만들어내는 힘이 두 가지로 나뉘게 되는데, 첫째는 제목에서 시의 본문 쪽으로 난 방향이다. 이때 '일곱 살, 우주'는 본문의 내용에 의해 질서 잡힌 '우주'를 지향하게 된다. 흔들림의 균열 속에서 "삼라만상"이 탄생하는 것이다. 제목을 읽고 이와 관련하여 본문을 해석하는 일은 시 독해의 상례에 해당할 것이다. 둘째, 시의 본문에서 제목 쪽으로 난 방향이 있다. 시는 종결되지 않은 채 끝

없는 되풀이 읽기를 가져오는 장르이기 때문에, 독자들은 마지막 구절을 읽고 다시 제목을 응시하게 된다. 이때 의문이 발생한다. 시의 제목은 왜 '일곱 살, 우주'라는 언어를 선택했을까? 본문을 읽고 난 후 비로소 제기되는 이 의문에 답하기 위해서는 그 둘 사이에 주어지는 비약의 공간 속으로 들어가야 한다. 이 비약의 공간 속에서 질서 잡힌 정황을 경험하고 제목을 바라보는 시선은 또한 의미를 만들어내는 시선일 수밖에 없다. 질서와 흔들림이 결합하면서 새 의미가 나오는 것이다. 그것이란, '균열'이 '질서 있는 균열'로 확장되는 것이다. 본문의 의미를 통해 제목을 규정하는 일이 일어나기 때문이다. 그런데 제목과 본문 사이에 놓인 이 갈등이 의미 있는 것이 되기 위해서는 그 갈등이 시 한 편의 배경을 이루는 현실의 있을 수 있는 한 가지 단편으로 제한되지 않아야 한다. 오히려 갈등은, '돗자리 안에 모신 삼라만상'의 핵심으로 확장되어야 한다. 이것이 세계와의 우연한 마주침을 시적 필연으로 정리하는 길이고 시집의 언어들을 유기적인 심미성으로 묶어두는 길이다. 이 시적 필연의 심미성 속에서, 글의 초두에서 말했던 '긍정의 언어'가 탄생한다. 여기에는, 풀밭 위의 돗자리에 세계의 모든 것이 펼쳐질 수 있는 것만큼이나 다종다양한 사건들이 있다. 긍정이란 이 사건들에 비밀스러운 운행의 질서를 부여하는 행위이다. 함순례의 시들이 보여주는 것은 갈등과 질서를 통해 시적 필연성에 도달함으로써 구성되는 긍정의 시학이다.

2.

중요한 것은 이 갈등이 정갈한 질서의 언어들 속에 비가시적으로 잠재되어 있다는 사실을 아는 것이다. 갈등은 질서 있게 펼쳐진 돗자리 내부에도 있으며, '신발—가방—몸' 과 돗자리 사이에도 있다. 그것은 바람과 풀밭 위의 존재들 사이에도 있을 것이다. '신발—가방—몸' 이 각각의 개별적 시편으로, '돗자리' 가 시집 전체로 유비되는 일이 가능하다면, 따라서 시집을 구성하는 핵심적 화소(話素)들이 무엇인가를 살펴볼 필요가 있다.

첫째, '가족' : 시집은 아버지와 어머니, 오빠, 아우와 맺는 애증의 파노라마이다. 「돌밭에 절하다」「누에가 사는 방」「숨어있는 동굴」「풍란」으로 대표되는 가족사는 시인이 세계와 대립하고 화해하는 일의 원형을 이룬다. 좀더 구체적으로 말하면 아버지, 오빠, 아우가 한편에 있고 어머니가 다른 편에 있다. 시인은 그 사이에서 어머니 쪽으로 몸을 기울인 채 존재한다.

강물에 잘 씻긴 돌멩이 쥐어본다
차르륵 물 흘러내리며 손바닥으로 안겨드는

돌멩이는 기억하고 있을까

달음박질 느리고 뱃심 약해 앞에 나서지 못하고
돌멩이나 날라주던 대학 시절 있었다
던진다, 던지고야 만다,
돌멩이 손에 들고 쥐었다 폈다 하며
가슴이 팽팽해졌다

더 이전으로 돌아가면
부엌문 뒤에서 틈 엿보던 때 있었다
시퍼렇게 멍든 어머니 뒤꼍으로 숨기고 두려움에 떨다가
알콜중독으로 비틀린 아버지
나 사이의
……,

가슴 끝 조여오며 요동치던 비늘들,
한 켜 한 켜 물살에 깎이고 슬리다
지느러미 반짝이며 여기까지 흘러온 것인가

손 안에서 따스해진 돌멩이 하나
강물로 돌려보낸다

누구나 생의 안쪽 돌멩이 하나쯤 감추고 산다는 것을
이제는 알 것도 같다

―「돌멩이」 전문

아버지와 어머니의 이야기를 환기하는 것은 돌멩이와 얽힌 기억이다. 시인은 그러나 그 기억으로 직접 다가가지 않는다. 시에는 두 개의 문이 있다. 우선 강물 : 이것은 돌멩이의 기억으로 나아갔다가 돌아 나오는 통로이다. 시의 1연과 5연에서 반복 진술되는 '강물―돌멩이'에서 1연은 기억의 입구이며 5연은 출구이다. 1연에서 시인은 "돌멩이는 기억하고 있을까"라고 쓴다. 이때 돌멩이는 기억의 주체이기 때문에 곧바로 시인과 등치되는데, 이 등치가 2연에서 시인의 기억을 필연적으로 환기하도록 한다. 두 번째 대학시절 : 돌멩이는 "던진다, 던지고야 만다"는 표현을 얻으면서 구속과 해방의 의미를 포개어 놓는다. 사람들의 상식 속에서 기억은 버려야 할 것이기도 하고 간직해야 할 것이기도 하다. "돌멩이 손에 들고 쥐었다 폈다" 하는 심리적 갈등은 이 때문이다. 돌멩이를 던지는 것은 기억을 버리는 것이고 던지지 않는 것은 기억에 의해 고통 받는 것이다. 버릴 수도 없고 간직할 수도 없는 곡절을 포함하는 이 두 개의 문을 거쳐 시인은 그 기억의 원형에 도달한다. 3연에서 진술되는 상처 입은 가족사의 기억이 그것이다. 이것을 시인은 왜 돌멩이로 표현했을까?

이 점을 알기 위해 이 시와 함께 읽어야 할 시는 「돌밭에 절하다」이다. 「돌멩이」에 「돌밭에 절하다」를 겹쳐 읽을 때, '돌멩이' 는 단순한 사물이 아니라 삶 전체를 규정하는 힘이라는 사실을 알게 된다. "아버지를 묻은 이곳은 돌밭이었" 고 그곳에는 "돌날에 찔려 징징거리는 날 이끌고 심으신 감나무" 가 있다. 그곳에서 시인이 내리는 결론은 "고랑 속 돌소리 자글자글" 한 아버지의 삶에 대한 전면적 긍정이다. 그는 아버지의 기억을 "뼈아프게 주워드는" 시간 속에 현재 있다.

이 돌멩이가 안으로 단단해지는 존재들의 표현이라면, 이에 대응하는 것은 '누에' 로 표현되는 아우의 삶이다. "아우는 조용히 방문을 닫는다// …중략…// 그도 이쪽 내다보며/ 안간힘으로 기다리고 있다는 거,/ 깊어질 대로 깊어져야/ 빛이 되는 어둠의 속성을/ 알고 있는 것이다"(「누에가 사는 방」)에서 그것은 연약하지만 역시 내부로만 똬리를 트는 존재의 한 지경을 묘사한다. 오빠도 마찬가지인데, 「풍란」이 드러내는 것은 험난했던 과거를 풍란의 구근과도 같은 덩어리로 끌어안고 살아가는 존재의 현재이다.

이런 맥락을 따른다면, 가족사를 다룬 시들은 구속과 해방, 닫힘과 열림의 이중적 의미를 표현하면서 아슬아슬한 차이로 그 경계에 존재하는 삶을 드러낸다고 할 수 있다. 다시 「돌멩이」로 돌아와 보면, 그 기억의 원형은 시인의 위치를 아버지와 어머니 사이에 자리 잡도록 한다. 폭력을 휘두르는 아버지와 뒤곁에 숨은 어머니의 한 가운데에 시인이 있고, 그리고 또 무엇이 있었을까? 3연에서 "……"로 표시되는 침묵의 현장은 4연에 이르러서야 제 모습을 드러낸다. 그것은 '조여오다' '요동치다' '깎이다' '쓸리다'로 정리되는 상처의 기억이다. 아마 시인은 아버지와 자신 사이에 '돌멩이'가 있었다고 말하고 싶었을 것이다. 그렇지만 그것만 있는 것은 아니다. 그것은 상처이지만 '지느러미 반짝이며 흘러온 것'이기도 하기 때문이다. 여기에는 밀어내고 끌어안는 힘이 동시에 작용하는데, 이 힘들을 총괄해서 5연이 나타난다. 시인은 돌멩이를 강물로 돌려보내 준다. 이것은 어떤 상처 때문에 응어리졌던 기억들을 제 갈 길로 풀어놓는 행위일 것이다. 그것은 동시에 그 기억으로부터 되돌아 나오는 출구이기도 하다. 이럴 수 있는 것은 그러나 위에서 살펴본 것과 같은 '아버지—돌멩이'의 상관성을 알게 되었기 때문이다. 모든 것을 풀어놓아야 한다는 절대적 긍정의 세계 때문이 아니라 삶의 내부에 안으로만 똬리를 트는 힘이 모두에게 필연적으로 존재한다는 사실 때문이다.

아버지, 오빠, 아우가 안으로만 뭉치는 존재를 표상한다면 시인은 그들이 열리기를 고대한다. 어머니는 그 반대이다. 시인은 어머니의 닫힘을 긍정한다. 어머니를 소재로 한 시 「숨어있는 동굴」「유언」「새」는 스스로를 열어 타자들을 보살핀 존재가 귀착해야 할 지점을 역설적으로 보여준다.

엄마의 입안엔 누구도 드나들 수 없는 동굴이 있다

어느 날 수저질 느슨한 엄마
고기를 씹지 못하신다
고름 뿌리로 남은 이, 하나 둘 셋.

빛도 바람도 없이 습기만 눅눅한
십수 년 불 들이지 않은 검은 아궁이
그 깊은 자궁을 들여다본다

청상 시절 중심이 흔들린 때 있었다
털어놓으시던 엄마
차암 의젓한 이였는데, 차마 니들을 두고 갈 수 없어서……

풀이 자랄 수 없는 동굴
허나 칠남매는 엄마의 살을 뜯어먹고 자란
육식동물이었으니

내일 당장 죽더라도 오늘 맛나게 드시고 가시요!

나의 완력에 썩은 뿌리 뽑아낸 엄마
비로소 곤한 잠에 드신다

내가 발견한 동굴은 고작 세 개뿐
몸 어딘가 숨겨놓은 동굴이 또 있는지 나는 모른다

—「숨어있는 동굴」 전문

'어머니' 라는 존재의 일반적 의미를 확인하는 것은 불필요한 일일 것이다. 주목해야 하는 부분은, 어머니의 딸이, 동성적 존재로서, 그 어머니를 "모른다"고 말하는 부분이다. 그것도 어머니 일생의 굴곡을 쓰다듬는 자리인 결론에 이르러 "내가 발견한 동굴은 고작 세 개뿐/ 몸 어딘가에 숨겨 놓은 동굴이 또 있는지 나는 모른다"고 시인이 쓰는 것은 어머니의 삶에 대한 탄식 어린 놀람과도 같다. 그러니까, 아버지와 오빠와 아우가 삶의 한 구비에 이르러 어쨌든 이해될 만한 존재들이라면, 시인에게 어머니는 오히려 그 이해를 초월한 장소에 있는 존재이다. 페미니스트들에 의해 남성과의 성차를 보여주는 여성적 특이성으로 비유되곤 하는 '동굴'의 이미지는 여기에서도 어머니를 여성으로 남게 하는 강력한 요인인데, 더구나 그것은 누구도 가볼 수 없는 미지의 영역에 속해 있다. 이것이 동류적 연대 의식을 가질 수도 있는 딸에게도 그렇다는 점 때문에 어머니 또한 자기 자신에게로 돌아가는 존재를 표상한다. 어머니는 "누구도 드나들 수 없는 동굴"을 가지고 있으며, 그 동굴은 끝내 타자들 앞에서 문을 닫아 버리는 동굴("비로소 곤한 잠에 드신다")이다. 이때 삶은 한 번 크게 열리고 그 끝에서 자기를 향해 닫히는 사건이 된다. 묘한 역설이 여기에 있다. 타자를 향해 열린 후 자신의 내부를 향해 닫히는 존재의 삶이 그것이다.

어머니의 삶에 대한 이 긍정은 그러므로 내적 동류항으로만 뭉치는 존재들을 긍정하는 것과는 거리가 있다. 아버지, 오빠, 아우가 그런 존재라면, 어머니는 열림과 닫힘을 동시에 구유하는 존재이다. 「숨어있는 동굴」의 어머니가 연민의 대상인 어머니가 아니라 경탄의 어머니일 수 있는 것은 그 때문이다.

이 경탄과 함께, '갈등—균열의 우주'를 포괄하는 시적 방식의 한 가지가 정리될 수 있다. 독자들은 '세계'의 균열이 질서 잡힌 영역의 내부에 웅크려 있는 모습을 살펴본 바 있는데, 「일곱 살, 우주」는 그것의 정갈한 표현이었다. 아버지, 오빠, 아우의 세계가 자신의 내부에 머물면서 갈등을 표면화하는 존재라면 어머니는 타자를 향하면서 끝내 자신을 미지의 영역으로 남겨 놓는 존재이다. 이를테면, 모든 갈등은 자기에게로 수렴되면서 세계 속에서의 닫힘과 열림을 반복하지만, 여기에는 여성적인 것과 남성적인 것의 대립이 있다. 이것을 여성시학의 일환으로 손쉽게 정리할 필요는 없다.

함순례의 시는 그것을 한 편에 두면서 그것을 뛰어넘고 있기 때문이다. 그것은 어떻게 그런가.

3.

아버지, 오빠, 아우, 어머니의 삶을 닫힘과 열림의 반복으로 보게 한 이유는 「일곱 살, 우주」에 나타난 바, '균열과 질서로 수렴되는 긍정의 시학'을 이해하려는 동기를 가지고 있었다. 그 첫째가 가족이었다면 그 다음을 살펴보아야 할 것이다.

둘째, '나' : 서정시의 특성상 압도적으로 많을 수밖에 없는 자기 시편들은 일단 개별성의 운명을 실현한다. 한 편의 시는 모두 하나의 우주이다. 이 다양한 세계에서 앞항의 진술들과 관련하여 주목할 수 있는 시는 「기일」이다. 아버지의 제삿날, "아버지 앞에 이렇게나마 나를 올리는 데 꼬박 십 년이 걸렸다"고 시인은 쓰고 있기 때문이다. 왜 그럴 수밖에 없었는가에 대해서는 앞항의 말들로 대신하기로 한다. 그 다음에 고려해야 하는 것은, 시인의 그 삶과 상처 그리고 화해가 직선적으로 시의 언어에 들어오지는 않는다는 사실이다. 아마, 그것이 시의 운명일 것이다. 시는 어떻든 자신만의 자율적 관성으로 시인의 생각을 표현할 수밖에 없다. 이것이 심미적 언어의 본성이라면, 독자들은 그 본성이 실현하는 변환에 대해 생각해보아야 한다.

그런데 그 변환이 심상치 않은 것이다. 변환이 있되 그것에 일관성이 있으면 문제될 것이 없겠는데, 한 편의 시는 제각각의 논리로 자신의 특이성을 구성하기 마련이다. 가령, 삶의 흔적들과 관련하여 "덤불 깊은 곳에 떨군 여린 저장품들/ 기꺼이 놓아두고 산을 내려왔다"(「불온한 사랑」)고 쓰는 마음이 있는 반면에 시인이 힘겹게 다가가고 있는 세계에 대해 "흰 뼈들, 저 구름 속엔/ 세력 형형한 수많은 손금들이 산다"(「마흔, 잘 오셨다」)고 쓰는 마음도 있는 것이다. 한편으로는 버리고 한편으로는 끌어안는 자세는 서로가 서로를 밀어내는 힘을 동반한다. 이것은 아마도 시인의 언어가 대상 앞에서 갖게 되는 마음가짐의 상태에 크게 연동된 결과일 것이다. 이를테면, 앞항에서 살펴본 아버지, 오빠, 아우의 세계와 어머니의 세계의 차이는 그 대상들 자체가 갖는 성격의 차이라면, 여기에서 살펴볼 시인 자신의 자기표현에서 나타나는 차이는 대상들의 차이가 아니라 시인이 언어를 선택하는 심리의 차이이기 쉽다. 동일한 경험에 대한 시적 변환이 중요하게 고려되어야 하는 것은 그 때문이다.

정확히 말하면, 모든 시는 그 변환을 실현하면서 하나로 관통되려는 노력의 산물이라고 할 수 있다. 이사무애(理事無碍)의 경지가 바로 그것이다. '공'을 모든 존재들에 유비할 수 있도록 하는 다음과 같은 시를 보자.

공이 굴러간다
던지고 받다가 놓치면 굴러간다
공중에 떠 있는 시간보다
구르는 시간이 많은 공

둥그렇게 타오르더니
숨 넘어간다, 바라보는 동안
한순간에 절명하는
붉디 붉은 공

또 하루가
저물어 갔다는 걸
깨닫는다

—「일요일과 월요일, 사이」 전문

마지막 3연의 진술 내용을 중심으로 시의 언어들이 재배치되는 시이다. '나의 깨달음' 은 불현듯 시간의 흐름 속에서 솟아나는데 그를 둘러싼 '저무는 빛' 이 묘하게 운동한다. 각 연마다 그 묘한 운동을 표현하는 말은 '굴러가다' '타오르다' '저물다' 이다. 더구나 시의 종결을 '깨달음' 으로 맺는 순간 '공' 은 그 깨달음 이후에 펼쳐질 삶 전체로 의미를 확장한다. 따라서 삶이 펼쳐지는 시간의 순서로 본다면, '깨달음'(세계의 시원적 탄생과도 같은 것)이 가장 먼저이고 '저묾'이 가장 나중이 된다. 그러니까, 굴러가고 타오르고 저무는 일들이 자기 색채로 움직이는 일은 깨어남 이후에 가능한 것이며, 시로 말한다면, 3연 이후에 제각각의 의미를 얻을 수 있는 것들이다. 이 되풀이 읽기가 박명 빛 아스라함 속의 삶을 유전하고(1연) 절명하며(2연) 저무는(3연) 연속적 운동으로 만들어 내는 것은 그러므로 제각각의 삶들을 시간 순서로 논리화하는 경우에 속한다. 이 논리는 다시 제각각을 구성하는 무수한 형태들로 재구성되는데, 1연; 던지고 받고 놓치는 개별적 형태의 삶, 2연; 숨 넘어가고 바라보고 절명하는 삶, 3연; 저물고 깨닫는 삶이 그것이다. 이것들을 하나로 모으기는 어렵다. 이를 위해서는 삶이 어떤 단일한 힘의 규정 속에서 움직여야 하는데, 모든 존재에게 종말이 있다는 사실 말고는 실제 현실 속에서 그럴 수 있는 힘은 없기 때문이다. 「일요일과 월요일, 사이」는 그 개별성의 표지를 각각의 연에 부여해 놓은 시이다. 그리고 이 사실은 오직 이 시에만 적용 가능한 것이 아니다. 모든 시들이 그렇다는 사실에 독자들은 동의할 수밖에 없다. 언어가 차이로서 의미를 실현하듯이 시의 연들 또한 그렇고, 각각의 시편들 또한 그런 것이다.

그 언어로 표현되는 사람들의 삶은 그러므로 모든 것이 동일성으로만 귀결될 수 없는 개별체라고 해야 한다. 그것을 하나로 묶으려는 시도는 동일한 원리를 사물들에 총체적으로 적용해보려는 폭력적 시도라고 할 수 있다. 이것이 불가능하다는 사실은 역사 속의 여러 실례들이 보여주고 있지만, 시는 본성적으로 이법(理法) 이전에 사법(事法)으로 독자 앞에 존재하는 것이다.

그러나 또한 독자들이 살펴보아야 하는 것은 그 다양한 색채의 언어들을 하나의 주제로 관통시키는 어떤 힘이 아닐 수 없다. 이것은 가령, 「일곱 살, 우주」에서 돗자리와 네 귀퉁이의 사물들을 우주 전체로 무리 없이 '수렴－확산' 하는 힘과 같은 것이다. 그것이란 존재의 탄생을 '박명의 저물녘을 둘러싼 빛' 과 연결시키는 행위인데, 삶의 생성이 무릇 그 희미한 빛의 그늘과 함께 있다는 사실은 오래 전부터 잘 알려진 것이다. 그리스인들은 생성의 철학자 헤라클레이토스를 어두운 사람이라고 불렀다고 전한다. 좀더 나아가서 말한다면, '박명의 저물녘' 에는 이사무애를 바탕으로 해서 모든 분별지를 넘어선 사사무애의 경지가 있을 것이다. 정확한 의미에서 긍정의 세계관은 이런 경우에 해당한다. 그것은 나와 상대의 개별적 경계선을 넘어서 원융에 도달하는 세계인데, 그것이 시인에게 원망(願望)의 형태로 등장한다는 점을 주목해야 한다. 이 원망이 한 개별체의 고립을 넘어서려는 행동이라는 점을 알기 위해서는

소요란 살아 있다는 징표다,
그대 안녕하신가, 그래 나도 안녕하다
뒤척이는 밤의 언저리를 향해 새벽 미명이 전하는 안부다
저만치, 아침이 오고 있다

—「안부」 부분

낙인을 찍는다
낱낱의 환부만을 건드리는 건 아닌지
멈칫 멈칫 흔들리지만
질긴 누군가의 생에
요금이라도 대신 내주고 싶어
힘주어 꽝! 찍는다

—「화인火印」 부분

청도 가는 길은 늘 가깝기만 한데,
내 마음의 淸道는 어디로 뻗었나
무덤 뚜껑을 열고 나가고 싶다
청도로 가는 해질녘 어느
하오下午

—「무덤 속 사랑을 쫓다」 부분(이상 고딕은 인용자)

에서처럼 타자들과의 교통을 끝없이 원하는 마음의 표현을 보는 것으로도 족하다. 시인은 계속 '~하고 싶다' 고 말하는 중이다. 이 원망은, 좀더 확장해본다면, 기다림과 동의어이다. 바람이 없으면 기다림도 없을 것인데, 따라서 "기대어 앉을 수 있는 의자 마련해 놓고/ 그 안에서 기다리고 있다"(「몽돌밭」)와 같은 진술들도 그 원망과 관련된 심리의 표현이 된다. 이를테면, 시인은 타자들과의 경계를 넘어선 어떤 세계를 지향한다. 이 세계가 이사무애를 지나 사사무애에 도달할 때 시를 쓰는 마음의 한 경지와 독자들은 만날 수 있다.

이것은 갈등과 질서를 거치는 긍정의 시학과 어떻게 관련되는 것일까? 차이의 변환이 갈등에 연결된다면 모든 분별지를 넘어서려는 원망은 긍정과 연결된다. 실로 이 긍정이란 세계 전체를 향해 시인의 마음을 실어 보내는 것이 아닐 수 없는데, 이때 저 광활한 우주 전체가 '풀밭 위 돗자리' 위에 펼쳐지듯이, 그 돗자리의 네 귀퉁이 사물들로 유비되는 각각의 시편들을 통해 시집 위에 펼쳐진다. 그것이 함순례가 바라보는 사물들의 세계이다.

4.

셋째, '사물' : 사물들은 어쨌든 주관의 의식에 포착된 형태로 표현될 수밖에 없다. 그러니까 사물들은 언제나 주관과 대상의 긴장을 거치면서 언어화된다. 가령 오규원의 시론이 설명하고자 하는 '날이미지' 의 세계 또한 그 긴장을 거치지 않고서는 획득될 수 없는 것이다. '풀밭 위 돗자리' 네 귀퉁이의 사물들 역시 그렇다. 시인이 의도하든 의도치 않든 어느 사이에 주관은 대상의 언어 표현에서 한 귀퉁이를 차지하고 있을 수밖에 없다. 사물들을 시인이 표현할 때, 그 행위는 사물에 대한 주관의 애정 표현이라고 해야만 할 것이다. 이때, 사물을 사물 자체로 표현하는 일의 의미가 드러나는데, 그것은 곧 세계에 대한 평등주의적 관점의 작용이다. 함순례에게서 그것은 「나무새」에서처럼 인간과 비인간을 동일화하는 방식으로 나타나기도 하고 「신도 여인숙」에서처럼 시적 대상이 직접 말하도록 하는 방식으로 나타나기도 한다. 이것은 '풀밭 위 돗자리' 의 네 귀퉁이를 차지하는 '신발—가방—몸' 이 서로 수평적 관계로써 우주 전체를 생성하는 것과 같다. 함순례의 시를 '갈등—질서' 를 거치는 긍정의 시학이라고 말할 수 있는 것은 단지 인간적 주체들의 상호이해라는 요청적 상황 때문만이 아니다. 그것은 인간을 넘어서 스스로 존재하는 세계 자체와의 관계에도 마찬가지로 적용되어야 한다. 「일곱 살, 우주」에서 '몸' 을 '신발' 과 '가방' 의 사물성으로 전환시키는 것은 이런 과정을 거치면서 가능하다.

그러므로, '사물' 의 세계라고 해서 주관으로부터 떨어져 있는 '물 자체' 로서의 사물을 뜻하는 것이라고 생각해서는 안 된다. '사물' 이란 주관과 대상이 서로의 수평적 관계 속에서 상호적 관계망을 형성하는 상태에 대한 또 다른 표현이다. 이때, 「달항아리」는 함순례 시의 어떤 경지를 드러낸다.

불 꺼진 강의실, 슬라이드 필름이 돌고 있다
신개발 이루어질 때마다
환생의 붓질에 깨어나
저마다 박물관 어둠 속으로 묻힌 유물들
어떤 건 국보급으로 어떤 건 깨진 조각으로 돌고 있다
고려청자 분청사기 조선백자가 돌고 있다
매화 대나무 소나무 잘 익은 포도알 문양들이
다시금 꽃 피우고 바람에 흔들린다
말하자면 저 도자기들,
술 담고 밥을 먹고 차를 마시던 그릇 아니겠는가
지금 우리집 구석에 마구 뒹구는
스테인레스 양은냄비 플라스틱 그릇은 어떠한가
땅 속에서도 썩지 않을 대량생산의 유적들
어떤 건 보물로 어떤 건 막사발로 기억되리라

불 꺼진 강의실, 넥타이 푼 노년이
기우듬히 앉아 시간을 주무르고 있다

역사무료강좌에 노인들이 자리를 메운 것은
단단한 고독을 밀고 가는 힘이리라
거친 물레에 잦아져 세월의 장작불에 익은 도자들이여
바닥 깊게 패인 발굴 현장의 가마터를 보면서
누군가 소스라치듯 하품을 거두고 있다
부장품으로도 묻히지 않을 밥그릇 대신
수천 년 썩고 남은 뼛속이 저렇듯 구워질 것이다
머잖아 그대와 나 또한 한 점
유적으로 남을 일이다

—「달항아리」 전문

백자가 시간의 유적이듯이 우리 몸이 유적이 되리라는 인식은 범상한 것이 아니다. 이 인식이 있을 때 우리 몸은 백자와 같은 사물성을 획득하면서 저 무수한 시간의 굴곡을 가득 담아내는 그릇이 되는 것이다. 시의 화자는 박물관 유물 설명회장에 와 있다. 주로 노인들이 수강생일 그 강의실 한쪽에서 화자는 국보급 유물과 "스테인레스 양은냄비 플라스틱 그릇"을 겹쳐 놓는다. 이런 시선은 이를테면 시간의 풍화를 거치면서 갖게 되는 사물들의 차이가 보잘것 없는 차이에 지나지 않는다는 사실을 드러내는데, 이것이야말로 세계의 구성물들을 수평적으로 바라보는 마음이 없으면 불가능한 인식일 터이다.

더구나, 시에는 삶과 유적이 동시에 주인공이 되는 두 겹의 행복이 넘쳐흐른다. 현실을 살아가는 삶은 곧 유적의 근원을 바라보는 삶이다. 시인의 유현한 시선은 "고독을 밀고 가는 힘"을 포착하고 있다. 이때 백자도 그 백자를 바라보는 인간의 시선도 모두 사물이 된다. 시간 속에서 그것들은 '수천 년 썩고 남아 구워질 것'이기 때문이다. 이것이 함순례가 보여주는 득의의 사물성이다. 시에 이것이 형상화된 것은 시 내부에서 노인들을 바라보는 화자의 시선 이외에도 시 밖에서 '국보-대량생산의 그릇-노인-유적의 몸'을 겹쳐 놓는 또 다른 시선이 움직이고 있기 때문이다. 사실은 시 외부의 이 시선이야말로 「달항아리」에 의미의 깊이를 부여하는 힘이라고 할 수 있다. 이번 시집에서 가장 빼어난 작품이라고 보아도 될 이 시는 사물들이 제각각의 삶으로 특이성을 실현하면서 끝내 유적의 이법(理法)으로 되돌아나올 순간을 고대하는 언어구성체이다. 이것은 단지 언어구성체가 아니다. 이것은 시 외부에서 시를 바라보는 마음이 깊이 울려 퍼지는 노래이다.

함순례의 시는 이렇게 해서 질서로써 갈등을 포괄하고 그것을 긍정의 시학으로 변환시키는 언어들을 드러내게 되었다. 시집을 구성하는 세 개의 요소들, 즉 '가족' '나' '사물'은 시집을 구성하는 핵심적 화소이다. 그것들 각각은 순서대로 '존재 내부의 닫힘과 열림' '타자들과의 교통' '존재들의 수평적 관계' 로 의미화 되었다. 이 세 가지 의미만 그의 시집에 있는 것은 아닐 것이다. 시는 무궁한 깊이를 가진 언어이어서 독자들을 한없이 언어의 바다에서 밀고 올라오는 빛 속으로 끌어당긴다. 그것이 시를 종결되지 않는 장르로 만들어내는 힘일 것이다. 독자들은 언제나 시 앞에서 폭발할 준비를 하고 있어야 하는데, 「폭포」는 그것을 정확히 표현한 좋은 예이다.

여기부터 시작이라는 것인가

내리꽂히는 황홀함에 길들여져 왔으나
물이 뛰어내린 자리에 발 담그며 환호했으나

폭포는
물의 계단

폭발하는 바다의 빛!

—「폭포」 전문